Vertigée

Vertigée

Cécile G. GALLAGHER

En application de l'art. L.137-2.-I. du code de la propriété intellectuelle, toute reproduction et/ou divulgation de parties de l'œuvre dépassant le volume prévu par la loi est expressément interdite.

© Cécile GIBERT GALLAGHER, 2024

Édition : BoD · Books on Demand, 31 avenue Saint-Rémy, 57600 Forbach, bod@bod.fr
Impression : Libri Plureos GmbH, Friedensallee 273, 22763 Hamburg (Allemagne)

ISBN : 978-2-3225-3473-9
Dépôt légal : Décembre 2024

A Camille et Marine,

les prunelles de mes yeux.

Le **bonheur** est une décision.
Quoi qu'il arrive, prenez la décision d'être heureux.

Amma

T'offrir du bleu

Bleu de Prusse, sur ton cœur meurtri,

D'outremer, sur tes pensées perdues.

Bleu arctique, sur un corps endolori,

Cachemire, comme jamais tu n'as vu.

Bleu pagode, pour enfin t'évader,

Jacaranda, en quête d'espoir.

Bleu tempête, pour tes larmes noyer,

Alpaga, pour une nouvelle histoire.

Bleu lavande, qui embaume ta tête,

De Delft, pour de merveilleux projets.

Saphir, pour que ta vie soit une fête,

Kentucky, pour de nouveau rêver.

Se le dire

Ces petits riens du tout, qui pourtant font tellement,

Ceux qui peuvent rendre fou, quand on ne s'y attend.

Ces clichés n'importe où, juste pour être vivants,

Balades un peu partout, souvenirs à plein temps.

Ces petits mots tous doux, bien encrés par tout temps,

Des caresses sur la joue, comme on fait aux enfants.

Ces attentions à nous, comme un jour de printemps,

Ces mots qui rendent fous, les amants de Saint Jean.

Et se le dire encore, chaque soir, chaque jour,

Pour qu'il ne s'évapore, célébrer notre amour.

Et...

Ne jamais oublier...

Combien ces petits riens, qui ne coûtent pas un sou,

À la nuit tombée, ou au matin, sont si doux.

Au fil des saisons

Soupçon d'automne qui s'annonce chantant.

Loin est déjà le soleil d'été.

L'hiver glacial n'est pas encore prêt,

À faire place en amont du printemps.

Et moi je prends plaisir, chaque matin,

À écrire une nouvelle page de vie,

À voir naître ce projet divin,

Complètement fou, qui s'éclaircit.

Ce rêve secret, plus qu'un passe-temps,

Pourtant bien au fond de moi, caché,

Sommeillant en moi depuis longtemps,

Deviendra bientôt vœu exaucé.

Le fruit de mon écriture est né,

Tant de notes et tant d'accords grattés.

Apprenez qu'il n'est jamais trop tard :

Rien ici-bas ne tient au hasard.

Celle du mystère

Qu'elle fût d'épinette, d'ut ou de Fa,

Elle ouvre ou ferme les portes de la vie.

Entrée dans la sienne non comme « une » mais « la ».

Qu'elle fût des songes, de crocodile, d'Allen,

De voûte ou d'arc, elle perce le mystère.

Celui d'un devenir à essayer.

Certains refusent d'oser craignant rater,

Rien n'est impossible tout peut commencer.

Beg Meil

Sous la clarté d'un ciel printanier,

À quelques pas d'une côte bretonne,

Les notes s'emmêlent, et il chantonne,

Tandis que mes pinceaux sont alignés.

Ils attendent, sagement, d'être élus,

Pour, tout à tour, se dresser, se coucher,

Et de riches couleurs étaler,

Sur un châssis toilé, mis à nu.

Inspirés par ce lieu calme et serein,

Nous n'avons de cesse de créer,

Guitare en main ou chevalet,

Mille projets, nouveaux desseins.

Et quand bien même, la route est longue,

Rien d'impossible à cœur vaillant,

Chaque minute, chaque seconde,

En l'avenir, soyons confiants.

Cumulus Humilis

Notre ciel en était devenu privé,

Ils nous sont revenus, doux et cotonneux.

Quatre nuages pour chaque matin délicieux,

Au lever du jour, par le vent, emportés.

Partis non loin de là, mais partis quand même,

Tantôt protégeant des rayons du soleil,

Ou transpercés par la pluie qui émerveille.

Contempler le ciel, sentir combien je t'aime.

Adieu tristesse

Longue est la nuit dans ce silence,

Douce insomnie presque souhaitée.

Qu'est-ce que le temps quand on y pense,

Une énigme qu'on ne sait dompter.

Eux, ils avancent incognito,

Presqu'invisibles dans la nuit noire.

Nuages sombres, tout là-haut,

Veillant sur moi, quand il est tard.

Ô, je vous sais planqués derrière,

Scrutant ma vie, parfois brouillonne,

Tantôt inquiets et tantôt fiers,

De ce bonheur que je façonne.

Le temps s'est enfin écoulé,

J'enterre douleurs, maux et tracas.

Toutes ces peurs de mon passé,

Mais qui traînaient encore parfois.

Nouveau départ, nouveau roman,

Le soleil enfin brillera.

Adieu tristesse, adieu tourments,

Enfin, tout près, ici, et là.

Vers demain

Et puis un beau jour, car certains sont plus beaux,

Nous réalisons le chemin parcouru,

Les années écoulées, les moments perdus.

Fuyant cette angoisse de sombrer dans l'ennui,

Vivre devient notre but, le jour, la nuit.

Une vie qui s'écoule pourtant sans faire de bruit.

Ne gâchons ni minute, ni seconde qui passent.

Prenons le risque fou d'être enfin heureux,

Devant chaque soleil se levant sous nos yeux.

Apprendre à s'aimer soi-même,

c'est le début d'une grande histoire d'amour

qui va durer toute la vie.

Oscar Wilde

Stratus

Accrochez-moi à ce joli nuage,

Pour que je puisse voler vers celui,

Qui a sauvé mon âme du naufrage,

Qui me vertige chaque jour, chaque nuit.

Que le marchand daigne m'apporter alors,

Ce sable qui accueillera mes pas.

Fatiguée, lasse, mais éveillée encore,

Pour marcher et courir comme autrefois.

J'imagine son grain de peau sous mes doigts,

Mon esprit s'affole, il est chamboulé.

Je sais pourtant qu'il me faut patienter,

Je m'endors là, le rêvant contre moi.

Loin de la lande

Rentrée, vent et pluie annoncés,

Bien loin de la douceur d'Irlande.

Un nouveau rythme à éprouver,

Tel un défi qui s'appréhende.

La vie reprend alors son cours,

Sournoisement, sans même un bruit.

Penser à l'autre tout le jour,

Compter les heures avant la nuit.

Refuser que les larmes pleuvent,

Et accepter cette cadence.

Pouvoir surmonter cette épreuve,

Savoir dompter cette distance.

Penser revenir à Galway,

A Derry, Sligo ou Dublin.

Suivre les chemins escarpés,

Qui nous mèneront vers demain.

Une clairière

Vent crépitant dans les fougères,

À l'ombre d'une vaste forêt,

Et au milieu de la clairière,

L'imaginer de moi tout près.

Rayons solaires dans la bruyère,

Au cœur d'une douce nuit d'été,

Quand son reflet dans la rivière,

Entre deux nuages disparaît.

Mon cœur se perd en plein désert,

Tantôt fébrile, tantôt inquiet,

Mais au milieu d'une prière,

Soudain son visage renaît.

Le hasard

Trois minutes d'attention sur un quai de gare,

Et un soupçon inattendu de Paul Eluard,

Pour mille raisons s'être senti abandonné,

Puis un jour, dans votre vie, le soleil renait.

Mon Violoncelle

Voyager au cœur de l'instrument,

Puis y plonger précipitamment.

Se rattraper aux notes suspendues,

Et tout à coup se sentir... perdu.

S'émerveiller par tant de splendeur,

Des Do, sol, mi, la, toutes en rondeur.

Qu'il soit de peuplier, de noyer,

Chacune de ses cordes nous fait vibrer.

Son piquet le couche dans nos bras,

Tel un enfant que l'on bercera.

L'archer flottant au bout de nos doigts,

La volute veillant tel un beffroi.

Recette du soir

Sentir sa présence

Malgré son absence.

Enfin, fermer les yeux,

Pour se rêver à deux.

L'imaginer alors,

En tout premier ressort,

Juste ici, à côté,

Endormi, éveillé.

Mais ne plus rien craindre,

La lumière éteindre,

Puis savourer la nuit.

Un baiser sur le front

Si j'avais, en moi, ce don absolument fou

De pouvoir furtivement, à distance, l'effleurer,

Je caresserais doucement son nez, sa joue,

Et sur son front, je déposerais un baiser.

Je projetterais nos âmes en parfaite alliance,

Et pendant quelques secondes intenses mais brèves,

En monopolisant quelques-uns de mes sens,

Je sentirais sa chaleur réchauffer mes lèvres.

C'est lorsque nos deux corps ne peuvent point se mêler,

Que notre esprit s'attèle à contrer la grisaille.

Il s'imprègne de doux souvenirs éprouvés,

Pour rêver en secret aux tendres retrouvailles.

Pourquoi ?

Parce que,

Le chant des oiseaux,

La lumière du jardin,

L'odeur du lilas blanc,

Les papillons rares et précieux,

Que je cherche,

En pensant à toi.

Côte d'opale

Quand il l'emmènera à Belle dune,

Ils piétineront sur la jetée,

Sous l'œil bienveillant de la lune,

Tous deux prêts à s'apprivoiser.

Glissant sur chacun des galets,

Jonchés sur la plage du Hourdel,

Ils crieront aux vents et marées,

Ô combien cette vie est belle.

Son cœur chavire, sans elle, blessé,

Dans les rues de Saint Valéry.

Que peut-il faire à part l'aimer,

Sinon lui consacrer sa vie ?

Flânant tous deux en Baie de Somme,

Tout en haut du phare du Crotoy,

Tous deux amoureux, ils chantonnent,

Pour chaque note, un nouveau pas.

Et même si, à Fort Mahon, la pluie venait à s'inviter,

Ils sauraient défier les saisons, car rien ne peut les arrêter.

Son cœur chavire, sans lui, blessé,

Dans les rues de Saint Valéry.

Que peut-elle faire à part l'aimer,

Sinon lui consacrer sa vie ?

Hors d'haleine

Rejoins-moi ailleurs, ou ici,

Emmène-moi juste cette fois,

De l'autre côté de la nuit,

Pour y rêver tout contre toi.

Nul besoin de chaleur de laine,

Nos corps fiévreux se suffiront,

Ils s'élanceront, hors d'haleine,

Vers un pur moment d'abandon,

Où chaque étoile veille sur nous,

Calmant ces cœurs endoloris,

Le mien esquinté sous le joug,

Guettant la magie d'une vie.

Jeanne

Deux mains unies sur ses hanches,

Elles sont fermes, douces et blanches,

Agrippées à elle, pour ne faire qu'un.

Leurs corps s'appellent, se mêlent,

Dans un monde presqu'irréel,

Elle ne craint plus les lendemains.

Apeurée du temps qui passe,

Fuyant ce qui la tracasse,

Sa voix et ses mots sont apaisants.

Quelques accords assemblés,

Sous ses doigts cordes frottées,

Quelques notes font naître des chants.

Si tant est qu'il faille encore,

Embraser son cœur en or,

Qu'elle lui offre pour l'éternité.

Dans ses bras elle s'abandonne,

Serrée telle une anémone,

Laissant son doux parfum l'enivrer.

Conjugaison

Là, derrière mon épaule, douze mois, une année,

Le présent, alors, m'était encore inconnu,

Longue solitude atteignant son apogée,

Je fuyais contes enchanteurs et déconvenues.

Mon présent chaque année est le solstice d'été,

Je le fête cette fois enlacée dans ses bras,

Premier de nombreux à venir à ses côtés,

Seul avenir rêvé dans lequel elle sera.

Nulle divination mais une force intense,

Un magma en fusion au plus profond de moi,

Tous mes sens se réveillent alors, dès que je pense,

À ce futur simple et composé avec toi.

La ville des gones

Le long des berges de la Saône,

À Lugdunum est mon belin.

Pour apprécier la ville des gones,

Ce qu'il me manque c'est sa main,

Dans la mienne. Sans elle, dégoût,

Des Poireaux bleus, cardons, bettes d'Ampuis.

Moi je préfère penser à nous,

Car j'en suis sûre il est celui,

Que je veux prendre par la main,

Pour marcher au cœur des traboules,

Illuminer mes lendemains,

Lui, le seul homme qui me chamboule.

Prier Moulin, Lépine, Herriot,

Oublier ganais, trépanés,

Et dans son regard me noyer,

Place des Terreaux l'embrasser.

Flâner alors jusqu'à Bellecour,

Ou tout près du Clos St Benoit,

Partager nos nuits et nos jours,

Au beau milieu des vers à soie.

Monter dans le funiculaire,

Rejoindre le Parc des Hauteurs,

Nos regards tournés vers Fourvière,

Bienveillante sur notre bonheur.

S'arrêter devant la Tête d'Or,

Et tout en haut de la Croix Rousse,

Effrontément, toujours, encore,

Le séduire avec ma frimousse.

Sur le Pont de la Guillotière,

Goûter sa peau avec envie,

Me laissant porter dans les airs,

Comme le fit Saint Exupéry.

Et le long des berges du Rhône,

Tout contre lui m'abandonner,

À l'ombre de quelques anones,

Lui dire combien je suis tchalée.

Ô lune, ô belle lune !

La lune pleure-t-elle des larmes d'étoiles, lorsque, chaque matin, elle rentre chez elle ?

...

...

...

(Nul ne le sait car elle se cache)

Elle cache son chagrin, pour qu'après son départ,

On s'émerveille devant le soleil qui renaît.

Ou elle cache sa peine, attendant, haletante,

Que minutes et secondes de cette journée s'écoulent.

Patiente, elle rêve déjà que la nuit tombe encore,

Pour nous cajoler au rythme de ses accords.

Suspendre le temps

Sa présence est un rayon qui illumine,

Ce corps et ce cœur bien souvent malmenés,

Très vite se dessine alors une triste mine,

Quand l'heure du départ vient à peine de sonner.

Des adultes nous sommes, aptes à raisonner,

Mais quelle est la raison quand l'amour bouillonne,

Secrètement on se remet à compter,

Les heures à attendre avant qu'on ne fusionne.

Bientôt enlacés nous oublierons le temps,

Celui que l'on partage, nous comble de joie,

Celui qui nous éloigne parfois cruellement,

Restant une énigme que l'on ne résout pas.

Que la nuit s'achève alors, vite, et sans faute,

Comblée de rêves de nos deux corps emmêlés,

Rattraper ces heures éloignées l'un de l'autre,

Suspendre le temps, pour s'en faire un allié

Mes savonniers

Colossaux et majestueux,

Presqu'isolés dans ce sous-bois,

Ils hébergent un oiseau bleu,

Et cachent à leurs pieds quelques noix.

Quand je les retrouve à Noël,

Leurs plumeaux caressent mes bras,

Madeleines de Proust éternelles,

Et souvenirs couleur sépia.

Je construirai des citadelles,

Pour y planter mes albizias,

Ces arbres sont mon essentiel,

Car sans eux, je n'existe pas.

La tristesse vient de la solitude du cœur.

Montesquieu

Songes d'une nuit étoilée

Malgré cette distance corporelle,

Le chagrin ce soir ne m'atteindra.

J'observe un instant la lune si belle,

La tristesse, au rendez-vous, n'est pas,

Du moins ce soir, dans l'obscurité.

Puisse alors la nuit, m'offrir des rêves,

Des songes, dans lesquels me plonger.

En attendant que le jour se lève,

Je m'abandonne au cœur de la nuit,

Défie le temps, et son sablier,

Attendant que demain vienne sans bruit,

Que le soleil puisse me réchauffer.

A l'abri

Mille souvenirs dans les tiroirs de ma vie,

Tantôt soleils qui émerveillent, tantôt la nuit.

Fermer les yeux un instant, sentir un parfum,

Et comme une caresse, la mémoire me revient.

Certains diraient de ne pas m'encombrer l'esprit,

De délaisser ce carton pour un grand sac gris.

Ce choix non délibéré serait-il serein,

Piètre soulagement laissant place au chagrin.

Je trie soigneusement tous ces morceaux de vie,

Dans un linge de soie, je les mets à l'abri.

Qu'importe ! Si tout devait s'écrouler demain,

Tout près de moi, ils ne lâcheraient pas ma main.

La ruse

Il y a des soirs, et puis des nuits,

Où le silence pèse des tonnes,

Sans qu'aucune voix ne résonne,

Tout près de moi, dans ce grand lit.

L'heure est propice aux mille questions,

Aucune réponse ne semble prête,

Sauf à lutter avec ma tête,

Pour ne pas perdre la raison.

Mais la nuit tombe, il est trop tard,

Le son de sa voix n'est plus là,

Et moi j'attends, comme c'est bizarre,

Un geste, un signe qui ne vient pas.

Au fil du temps je m'apprivoise,

Sans maitriser mes manques, ma peine,

Je fuis la nuit, je rêve, sereine,

Elle me défie madrée, narquoise.

Reconnaissance

Quand tu réaliseras vraiment,

Que ces longues heures t'ont apporté,

Le pain, le vin, tout pour exister,

Plus que ce que tu pouvais escompter,

Tu seras endormi, pour longtemps.

Tu ne seras plus là, ici-bas,

Travaillant tard le soir, tôt la nuit,

Traitant ce dossier, jamais fini,

Le lundi, vendredi ou samedi,

Plus aucun d'eux ne se souviendra.

On n'a rien sans rien, avait-il dit...

Prise de recul, prise de conscience,

Car rien n'est pire que ce silence,

De ceux qui n'ont pas eu la chance,

De renoncer à y laisser la vie.

Coule une rivière

Au milieu du chagrin, je lui porte

Un amour indélébile.

Au milieu des larmes il y a en moi,

Une résilience indescriptible.

Au milieu du chaos je porte à bout de bras

Une volonté invincible.

Au milieu de l'hiver,

Mon cœur n'attend que la chaleur de l'été.

Pourvu qu'il arrive à temps …

72

En les attendant

Et même si je sais qu'à la nuit tombée,

La lune naîtra au milieu de ce ciel,

Une fois de plus, une journée sans elles,

Aura ce goût amer et sans soleil.

Le cœur frileux, je rejoindrai mon lit,

Ô ma nuit sera fade et sans sommeil.

Mammouth

Et quand bien même je sais pouvoir,

Lorsque le froid s'installe la nuit,

Tisser sept lettres et m'émouvoir,

Pour qu'elles s'envolent jusqu'à lui.

Rien n'est plus sincère qu'un regard,

Qu'il en dise long ou bien si peu.

Son lit est sur le boulevard,

Mais c'est ainsi qu'il est heureux.

Le pont

Quelques jours, semaines et mois,

Contre vents, contre marées,

Au cours desquels on combat,

Une souffrance démesurée.

Menton relevé, toujours,

Regarder très loin, devant,

Près des siens sentir l'amour,

Mais douter comme un enfant.

La mort ne plaisante pas,

Espiègle, elle s'invite souvent,

Alors qu'on ne l'attend pas,

Dévastant tel un torrent.

Un entraineur, un ami,

Brillant de ses attentions,

Ces cadeaux qu'il a transmis,

Sont des joyaux par million.

Il nous a tellement donné,

En éloignant un fardeau,

Et ses mots nous ont sauvé,

De la douleur et des maux.

Ce soir nous sommes dévastées,

Perdues, à terre, à genoux,

Toi notre coach, à jamais

Dans cet ailleurs, veille sur nous.

Tourments

Bien que lentement penser avancer,

Ouvrir les yeux et n'être que trop près,

De ce point de « quasi départ » pourtant,

Franchi il y a pourtant bien longtemps.

Respirer, emplir ses poumons d'air chaud,

Laisser faire le vent, qui effleure la peau.

Sentir un cœur qui bat, encore vivant,

Ne pas comprendre tous ces pesants tourments.

Rêver d'une nuit profonde, pour oublier,

Se réveiller en souriant, apaisée.

Retrouver l'innocence d'un doux matin,

Sans question, et alors se sentir bien.

Réaliser combien on aime, vraiment,

D'un tendre et fol amour, passionnément,

Et reprendre ce chemin merveilleux,

En s'accrochant à ce trésor précieux :

L'amour, fou, sincère, inédit, vivant.

Chagrin

Doucement je respire, sans un bruit,

Il est tout près de moi, sans savoir,

Que mes yeux sont ouverts sur la nuit.

Sommeil absent, cerveau dans le noir.

Il n'est pas tout contre moi vraiment,

Et moi je veille sur lui, ou sur nous...

Il me semble bien trop loin, pourtant,

Cela me déplaît je vous l'avoue.

Je voudrais suspendre ce temps fou,

Indomptable, douloureux aussi,

Celui qui se joue tellement de nous,

Qui m'empêche de sombrer dans la nuit...

Quand il lira mes mots au matin,

La nuit aura laissé place au jour.

Il faudra nous séparer, chagrins,

Regrettant ces moments bien trop courts.

Fardeau d'été

Il ne sait pas qu'il me tend la main,

Et ne le saura sans doute jamais.

C'est comme si je rentrais du "Chemin",

Dans un monde que je ne reconnais.

Être ici ou là, au bon endroit,

Offrir du temps, de l'amour aux siens,

Comment croire encore, garder la foi,

Si le soleil est absent demain...

J'avance, quelque peu hypnotisée,

Ou sous stupéfiants émotionnels,

Et dans la pénombre, je suis glacée,

Cherchant une éclaircie dans le ciel.

Si mon cœur douloureux est meurtri,

Inconsolable sous ce lourd fardeau,

Je souffre en silence pour elles, pour lui,

Affaiblie comme un coquelicot.

Calendrier

Des illusions perdues sur un chemin d'hiver,

Bien que l'été ait tenté de sceller les paupières,

L'automne chatoyant avait mis à jour le mal,

La désillusion perdure délicate ou brutale.

Pourtant le soleil était radieux ce jour-là,

Mais pourtant ses rayons ne réchaufferaient pas,

Des illusions ô combien sauvées par tout temps,

Désillusion naissant sous la pluie ou le vent.

Espoirs déçus

Une quiétude éphémère,

Loin des paroles amères, parfois si souvent retenues.

Mais quel est ce mystère ?

Insoupçonné hier, péril inattendu ?

Quel combat à mener,

Avenir à sauver,

Ou bien rêves déçus ?

Admirer l'océan,

Regarder droit devant, ne jamais plus sécher ces joues.

Saisir ces doux moments,

Furtifs comme le vent, sauver ce bout de nous.

Quel combat à mener,

Avenir à sauver,

Ou bien espoirs déchus ?

Insomnie lunaire Pascale

Des idées qui se cognent, sous un ciel étoilé,

Mais serais-je capable de toutes les illustrer ?

Des projets emmêlés, dans un calendrier,

Et des priorités difficiles à classer...

À quoi bon me dit-on ? Laisse donc faire les choses !

Mais les jours se succèdent, et les années m'échappent.

À bien y réfléchir, moi ce qui m'indispose,

C'est attendre ce qui suit, sans maitriser le temps.

Cette lune m'observe, toute de blanc vêtue,

Éclairant mes pensées, et mes folles questions,

Devant elle, cette nuit, je me suis mise à nue,

Espérant secrètement, une intime discussion.

À quoi bon me dit-on ? Laisse donc faire les choses !

Mais les jours se succèdent, et les années m'échappent.

À bien y réfléchir, moi ce qui m'indispose,

C'est attendre ce qui suit, sans maitriser le temps.

Car cet astre magique, illumine nos nuits,

Témoin de nos prières, elle sait sur nous veiller.

Elle connaît le passé, l'avenir de nos vies,

Saura-t'elle me prédire ce qui m'est réservé ?

À quoi bon me dit-on ? Laisse donc faire les choses !

Mais les jours se succèdent, et les années m'échappent.

À bien y réfléchir, moi ce qui m'indispose,

C'est attendre ce qui suit, sans maitriser le temps...

À quoi bon me dit-on ? Ne fais pas de caprice,

Ne confonds pas vitesse, et précipitation.

Mais mieux que moi qui sait, comment bat la mesure,

De ce cœur chaud rempli, de mille ambitions.

À bien y réfléchir, moi ce qui m'indispose,

C'est attendre mes rêves, sans maitriser le temps.

J'ai rarement

Livide effroi

Perdue au milieu

Sans voix ni voie

Image innée

L'oeil clos

Mon cœur bat tant

À tendre

Quatre encore

C'est long

L'attente

Puisses tu donner quelques nouvelles,

Apaisant mon cœur, mon esprit,

Pour que la journée finisse, belle,

Sans devoir attendre minuit.

Parce que tout peut me sembler sombre,

Sans ta voix, sans tes mots, sans toi,

De moi-même je ne suis que l'ombre,

Quand je vacille loin de tes bras.

Le sommeil m'attire, sans pitié,

Il est grand temps de m'y plonger,

Si mes cauchemars sont remisés,

Dans mes doux songes je t'attendrai.

Auprès du chêne

Dans la lande, le brouillard est intense,

Il arrive qu'on se perde en chemin,

Alors, ici-bas, on prie le divin,

Cherchant la lumière, en quête de sens.

Mais, dans le sous-bois, tout près, elle est là,

Majestueuse, ô combien rassurante.

Son regard puissant transperce avec foi,

Présente en nos cœurs, son absence nous hante.

On la supplie, de nous faire avancer,

En scrutant l'horizon, devant, au loin,

Pour retrouver cette route éclairée,

Après le brouillard, marcher vers demain.

Tout près

Parfois le mal est silencieux,

Niché au plus profond de nous,

Telle une plaie, rougeoyante, en feu,

Telle une larme sur la joue.

Lui, il est partout où je suis,

Veillant sur moi, sur elles, sur nous,

Je l'imagine, je tais ce cri,

Laissant mon cœur meurtri et fou.

Le plus grand remède de la colère, c'est le temps.
Il dissipe le nuage qui offusque la raison.

Sénèque

Injustice

Mille ans à patienter encore pour qu'enfin,

Cessent un jour, tant cette pluie que ce chagrin,

Qui en cette fin d'automne s'était installé

Bien sournoisement sans l'avoir demandé

Car pourtant le soleil était attendu,

C'est le printemps qui aurait dû naitre alors,

Offrant la promesse d'une douceur charnue,

Pour ce présent fragile, ce tout petit corps.

Mais l'orage déchira ce ciel bleu azur,

Sans l'ombre d'un espoir pour une éclaircie,

Des larmes de colère, des éclaboussures,

Inondant mes deux joues, moites et rougies.

Et qui m'ose ?

D'outremer ou d'azur

Il nous fait voyager

Sur un cœur ou une plaie

Il peut s'éterniser,

En ciel.

Rébellion

As-tu déjà songé ô combien,

De jours, de nuits se sont égarés

Dans les couloirs du temps, si bien

Que tu n'as pas su les retrouver ?

Vérité cruelle, déchirante,

Ces heures, ces minutes, ne reviendront,

Les remords et regrets te hantent,

Ils entament une étrange rébellion.

Hier ne reviendra pas, tristesse,

Ou soulagement aussi parfois.

Fais de chaque jour une caresse,

Gardant le meilleur au fond de toi.

Bouscule la vie, et ton amour,

Crie-le partout au vent, à la nuit,

Te contenter est trop sage ! Savoure !

Défie les règles, respire, aime et vis !

Parbleu !

Au travers des impasses, des ruelles, des boulevards

Laissant battre un cœur vaillant, mais un esprit vide,

Ta peine est insensible au plus petit buvard,

Tu esquisses un sourire, mais il est acide.

Tu excelles en comédie, comme si, faux semblant,

Quel est le sens de ta vie ? Tu as peur, parbleu !

Tu cherches à ignorer, en te voilant les yeux,

Tu t'endors sous les rayons d'un soleil couchant.

Les vautours

Un sourd fracas de porcelaine,

Verre outrageusement fêlé.

Après l'annonce, place à la haine,

Point abattu, déterminé.

Il le sait : l'orage passera,

Et ses entrailles se dénoueront.

Quand l'éclaircie apparaîtra,

Tous les vautours s'envoleront.

Meurtri, blessé, vautré à terre,

Sans voix, même son souffle meurt.

Il tente de panser ses chairs,

De s'accrocher et fuir la peur.

Ses plaies béantes et profondes,

Le mènent vers un renouveau.

Bien que son âme vagabonde,

Elle garde en mémoire ce chaos.

Adieu la pluie, place aux beaux jours,

Un nouveau chemin s'ouvre à lui.

Bureau et fenêtre sur cour,

Il tourne une page de sa vie...

... Prêt pour un aller sans retour.

Plaie ouverte

Sentir la présence

De ce petit enfant

Oublier la souffrance,

Taire nos barrissements.

L'imaginer alors,

En tout premier ressort,

Juste ici, à côté,

Endormi, éveillé.

Ne plus jamais craindre,

La lumière éteindre,

Blottie tout contre lui,

Je savoure la nuit.

Désillusion

Vive arrivée, pas précipités,

Rapidement le mettre à l'abri.

Inquiétante parole aiguisée,

Un regard étranger, assombri.

Incompréhension des mots lâchés,

Que sont ces breuvages gâchant sa vie,

Créant silences et doutes avérés,

Mensonges, déni, colère, non-dits.

Fléau qui atteint ce cœur heurté,

Pourtant empli d'amour infini.

Sur celui qui devient étranger,

Auraient-ils tous caché, voire menti ?

Lever du jour, malaise ignoré,

Espérant la nuit source d'oubli.

Insoutenable silence ancré,

Il ignore, il m'évite et il nie.

Son cœur meurtri, en silence crie,

Son esprit perdu, abandonné,

Espérant que l'amour transi,

Vaincra cette gangrène installée.

Il m'offre ces couleuvres ennemies,

Prétextant le besoin pour créer.

Je maudis ces breuvages cramoisis,

Dont certains ne soupçonnent les effets.

Suis-je seule à craindre ce gâchis,

Que diraient ses bambins s'ils savaient ?

Leurs paroles bien plus endurcies,

Sauraient-elles une conscience poser ?

Confiance

Soleil levant, brise légère,

Les yeux fermés, rêvant, pensant,

Insupportable douleur amère,

Poids sur l'épaule paralysant.

Est-ce ta main qui s'y accroche,

Comme pour me dire « ne t'en va pas »,

Tel un grimpeur sur une roche,

Pour me retenir ici-bas.

Je crie, je hurle, à ce passé,

À ces blessures, ces trahisons,

Afin qu'elles daignent m'épargner

Ces souvenirs, subtils poisons.

J'apprends à dompter ma confiance,

Sans contrepartie sinon foi,

Mais au premier faux pas de danse,

Ô mon glaive triomphera.

Adieu tristesse

Longue est la nuit dans ce silence,

Douce insomnie presque souhaitée.

Qu'est-ce que le temps quand on y pense,

Une énigme qu'on ne sait dompter.

Eux, ils avancent incognito,

Presqu'invisibles dans la nuit noire.

Nuages sombres, tout là-haut,

Veillant sur moi, quand il est tard.

Ô, je vous sais planqués derrière,

Scrutant ma vie, parfois brouillonne,

Tantôt inquiets et tantôt fiers,

De ce bonheur que je façonne.

Le temps s'est enfin écoulé,

J'enterre douleurs, maux et tracas,

Toutes ces peurs de mon passé,

Qui trainaient là, encore parfois.

Nouveau départ, nouveau roman,

Le soleil enfin brillera,

Adieu tristesse, adieu tourments,

Il m'illumine ici et là.

A cœur ouvert

Cœur perdu, affolé, cherche issue,

Plutôt d'urgence sinon de secours,

Assécher rivières, vagues inconnues,

Lutter pour secourir cet amour.

Déposer des mots, à cœur ouvert,

Espérer qu'ils puissent être entendus,

Parfois devoir les enfouir, les taire,

Et penser au chemin parcouru.

Exposer des maux, timidement,

Espérer qu'ils puissent être compris,

Qu'ils soient subtils ou même violents,

Gangrénant chaque jour notre vie.

L'oubli

J'ai mis dix ans à t'oublier, et chaque année je rechutais.

Dès que je revivais enfin, une fois de plus, tu revenais.

Tu savourais cette dépendance,

Avant d'être encore en partance.

Je devenais alors frileuse à l'amour, perdue, honteuse.

J'rêvais de Berlin entre nous, mais craignant que tout soit fini,

Dans le silence de ma vie, tu n'étais pas vraiment parti…

Dix ans perdus à t'attendre, te retrouver, te perdre encore.

Pour ces dix ans gâchés à tort.

J'ai bien souvent pleuré c'est vrai,

Mais ma plus sage décision fut de choisir de renoncer.

C'est à Sarzeau que j'ai laissé, toutes mes vétustes illusions.

J'rêvais de Berlin entre nous, te chasser des jours et des nuits,

Dans le silence de ma vie, tu n'étais pas vraiment parti…

Désormais il n'y a plus de Nous, car je te chasse, du balai !

Malgré ta perversion habile, ou inconsciente sait-on jamais ?

Je garde cette chimère débile,

Que tu m'aies juste un jour aimée....

Ne cherche pas à revenir, car tu t'exposes à mon courroux.

C'est vraiment Berlin entre nous, je suis libre car tout est fini,

Dans le silence de ma vie, tu es enfin vraiment parti.

N'oublions pas que l'amour commence dans la
famille.

Mère Teresa

Ma reine

Elle sait chaque fois, et sans aucun bruit,

À pas feutrés, en me laissant sans voix,

Tel un éclair, surgissant dans la nuit,

Me prouver à quel point elle tient à moi.

Quelques mots doux, une lettre, des fleurs,

Mais ce qui relève davantage de l'art,

Hormis cette offrande qu'on appelle bonheur,

Ce sont les caresses dans son regard.

Loin, je ferme les yeux et j'imagine,

Sa chaleur, sa douceur, et son parfum,

Ses yeux, posés sur moi, qui me subliment,

Ses mots qui encouragent mes lendemains.

Je m'endors lentement, en souriant,

Priant, pour que demain soit déjà là,

Pour lui prouver combien je l'aime tant,

Et pouvoir m'abandonner dans ses bras.

Mon patriarche

Il porte sur lui cet air pas facile,

Imposant une certaine distance.

Tellement loin d'être une personne docile,

Il écoute, observe en silence, il pense.

Il panse parfois tous les maux par ses mots,

Apportant le soleil dans un ciel gris.

Il sait combien sont pesant les fardeaux,

Qu'il a lui-même surmonté dans sa vie.

Quand les nuages obscurcissent le ciel,

Il apporte girolles, cèpes, trompettes des morts,

Bolets, mousserons ou bien chanterelles,

Trésors des bois apportant réconfort.

Je rends grâce, ô mon Dieu, pour sa présence,

Et j'espère contribuer à son bonheur.

A mes princesses

Orage dévastateur qui entrouvre ma nuit,

Le vent qui t'accompagne feint d'être chaleureux,

Ta rage intense et vive m'a sortie de mon lit,

La frayeur me gagne : est-ce un "signe" mystérieux ?

Ô rage sans désespoir, tourmentée vivement,

À la recherche d'un savoir non maîtrisé,

Que j'aimerais tant comprendre aisément,

Perdue dans mes limbes cérébraux embrumés.

Rester sur le chemin, attendre patiemment,

Que le rideau se lève, sur une scène bucolique,

Ce ciel en colère me rappelle à l'ordre, grondant,

M'enjoignant à calmer cette crise céphalique.

Des questions sans réponse, je m'épuise, je l'avoue,

La peur du lendemain sans même réaliser,

Mes rêves ou mes folies, m'angoissent bien plus que tout,

Face au compte à rebours qui aurait commencé.

Sous cette pluie battante, elle se présente à moi,

Je suis pressée de tout, sans rien vouloir lâcher,

Je suis sur cette route bien trop tranquille je crois,

Avec une soif intense de vouloir avancer.

Restée bien trop longtemps dans un monde étriqué,

J'ai reçu en cadeau, de l'amour et la paix,

Cette sérénité dans laquelle baigne mon cœur,

Est un présent sacré sous son plus bel aspect.

Si elles ne savent encore comment accompagner,

Ces instants de tristesse et d'épuisement moral,

Grâce à elles, de bonheur ma vie est inondée,

Leur présence est précieuse dans la quête de mon Graal.

Félicitations !

Vous venez de traverser Carrick-a-rede bridge.

Ce pont, situé au Nord de l'Irlande dans le comté d'Antrim, est suspendu 30 m au-dessus de la mer.

A bientôt pour de nouvelles aventures !

REMERCIEMENTS

La naissance de « Vertigée » a pris du temps. Le temps qui m'a souvent échappé et que je n'ai pas maitrisé.

Mais c'est avec le temps que la graine devient bourgeon, et que la chenille se transforme pour voir naitre le papillon.

Ce rêve s'est construit au fil des mois et des années. Et s'il a pu voir le jour, c'est parce que je ne me suis jamais sentie seule pour le concrétiser.

Je remercie mes deux filles, Camille et Marine, pour leur amour, leur patience et parce qu'elles ont cru en moi. Merci à Antoine, qui veille sur moi et accompagne chacun de mes pas.

Je remercie mes parents pour les valeurs qu'ils m'ont transmises, qui me permettent d'avoir la foi sans jamais abandonner.

Je remercie Houston, pour m'avoir accompagnée de ses câlins et de ses ronflements au fil des pages.

Je remercie mes amis et amies pour leur présence à mes côtés.

Quelques clins d'œil particuliers à Nicolas pour ses fidèles encouragements, Linda pour me transmettre sa force et sa détermination, Lucie pour sa bienveillance à toute épreuve envers moi, Estelle et Sarah pour l'énergie qu'elles m'insufflent,

Stéphanie pour ses messages de paix, et Christèle pour son écoute sans faille.

Je remercie tous ceux et toutes celles, qui, tout au long de ce rêve à vivre, m'ont offert l'élan nécessaire quand je trébuchais, et indiqué le chemin pour poursuivre l'écriture de chacune de ces pages, parfois à la lueur d'une bougie.

Je remercie tous mes anges-gardiens, au-dessus des nuages que j'aime à contempler.

Enfin, je vous remercie lecteurs et lectrices, pour la confiance que vous me témoignez.